NIKOS ORDOULIDIS

CÓMO SE ESCUCHA UNA NACIÓN

Música popular y política en Grecia

LIBROS
CORRIENTES

Las imágenes de la cubierta han sido extraidas del Museo Virtual del Archivo Kounadis [vmrebetiko.gr]

Colección   De lo social, 29. Serie «Música»

1.ª edición, septiembre de 2025

© Del texto,   Nikos Ordoulidis
© De la traducción,   Carlos García Simón
© De la edición,   Libros Corrientes

ISBN: 978-84-129408-5-5
Depósito legal: M-18412-2025

Diseño: Capricornia
                        www.capricornia.es

Impresión: Estugraf

libroscorrientes.es   libroscorrientes.info@gmail.com

NIKOS ORDOULIDIS

CÓMO SE ESCUCHA UNA NACIÓN

Música popular y política en Grecia

LIBROS
CORRIENTES

ÍNDICE

Nota corriente

«La ignorancia de la ley no exime de su cumplimiento»; así en las leyes civiles como en las leyes del arte. Es cierto que dentro del discurso artístico cuesta trabajo desprenderse de la rémora del genio artístico, verdadera sanguijuela de los argumentos sociológicos. Se trata de un paradigma verdaderamente resistente mediante el cual el artista es eximido de los condicionantes históricos, estructurales, que sí operan, en cambio, sobre el resto de la población. La tarea de una teoría que se quiera crítica es, si no ya negar su existencia, sí al menos afear lo más posible su aura de autonomía. Dentro de esta tarea se inscribe el libro de Nikos Ordoulidis.

A lo largo del libro, Ordoulidis dibuja el mapa de un grupo de esos condicionantes que operan sobre los artistas (músicos, en este caso), lo sepan ellos o no: la construcción nacional moderna. El mismo nacimiento de las músicas vernáculas (folclórico-populares, es el término que prefiere Ordoulidis), con todo el esfuerzo de patronazgo y financiación que conlleva, es producto de este largo ciclo de construcción nacional, en parte hijo de la Revolución francesa, en parte reacción a ella —a sus derivas napoleónicas— y que tiene como penúltima coda las eclosiones de los diversos fascismos de los años 20 y las naciones modernas tal y como las conocemos ahora, híbridos de liberalismo y proteccionismo. Las músicas vernáculas fueron y (aunque ya con el matiz cosmopolita más marcado, como es moda) siguen siendo una herramienta en esa constitución, marcando, no sólo contextualmente, sino formalmente las mismas. Porque, como mantiene Ordoulidis, «la identidad nacional se construía no sólo a través de palabras y monumentos, sino a través de las propias texturas del sonido (...) las fronteras del imaginario nacional se trazaron y redibujaron en el ámbito sonoro».

Los que Richard Taruskin llama, con no demasiada sorna, los «poseedores» de estas músicas, esto es, los que las «patrocinan y cultivan», son los protagonistas de este libro, por cuyas páginas no desfilan apenas músicos, sino historiadores como Jakob Philipp Fallmerayer y Konstantinos Paparrigopoulos, críticos culturales y musicólogos como Sofia Spanoudi y Manos Hadjidakis, militantes políticos como Mikis Theodorakis o estadistas como Ioannis Metaxás. Estos personajes, meros representantes de corrientes ideológicas más amplias, generaron para la música vernácula griega jalones que, si bien no determinaron, sí condicionaron en buena medida las prácticas musicales.

Efectivamente, los músicos, como también mantiene Ordoulidis a lo largo de todo el texto, fueron más flexibles que estos ideólogos, pero no por independencia, sino en tanto el mismo mercado, del que vivían, lo era. Los intelectuales, por fortuna, no son los únicos «poseedores» de la música... también lo son los empresarios culturales, supuestamente más neutrales en tanto son mero eco del público (aunque, por parafrasear a T. W. Adorno, el público no sea la medida, sino la ideología, el pretexto, lo que nos lleva de nuevo a la casilla de salida, pensando en los refinados mecanismos con los que la industria cultural absorbe la ideología. Todos estos condicionantes, sean o no percibidos abiertamente por el músico, construyendo el mundo en el que estos se desarrollan construyen al músico mismo y sus músicas en una negociación que, de darse, es desproporcionada. Sólo algunos de esos músicos, muy pocos, tienen, por razones de prestigio social o de capital familiar, capacidad de tomar posiciones más o menos a contrapelo de la ideología y mostrar una mayor autonomía, pero ninguno es ajeno a las tercas estructuras del mundo musical, que no es más que un campo dentro de la dinámica general de la historia. La música es una cosa que ocurre en la historia, es un hecho social.

El texto de Ordoulidis es una síntesis clara y muy bien estructurada de las luchas por la apropiación ideológica de la música popular griega. Ofrece herramientas clave para la lectura de la historia griega (musical y general) como, por ejemplo, explicando la diferencia entre laïkí mousikí, dimotikí mousikí y paradosiakí mousikí, señalando el papel de la ideología del «romiosyni», el trasfondo de las «negociaciones» *sobre el concepto de rebético, el relativo peso de la censura en las letras, haciendo hincapié, más allá de ella, en una «higienización estética del propio sonido grabado» para expurgar los elementos orientales, el mecanismo de «recuerdo selectivo, filtración cultural y reconfiguración discursiva» realizado con la historia mitificada de Esmirna o, finalmente, insinuando una siniestra línea de afinidad ideológica entre personajes tan a priori inconciliables como Sponoudi, Metaxas, Hadjidakis y Theodorakis que llama a hacer una lectura política más general.*

PREFACIO

Mi relación personal con la música analizada en este libro no es casual ni secundaria. Conocí la música bizantina de niño, al lado de mi padre, George Ordoulidis, hoy Arconte Maistor de la Gran Iglesia de Cristo. De pequeño, asumí el papel de *giousoufáki* —término tradicional para designar a un asistente prepúber en el atril de cánticos— y mi formación musical comenzó en ese espacio sagrado y profundamente afectivo. Estudiaba a fondo la teoría y la práctica de la música bizantina al tiempo que cursaba estudios de piano clásico y canto en conservatorios y universidades de Grecia y el Reino Unido. Paralelamente, desarrollé un temprano interés por la música popular: desde el rock británico y progresivo hasta el folclore griego y los repertorios populares. A finales de los 90, ya actuaba profesionalmente escenarios musicales, navegando por la realidad vívida de la interpretación popular. Lo que se hizo evidente con el tiempo fue que estos mundos musicales —el canto bizantino, la música académica europea y las tradiciones populares urbanas— no eran fáciles de conciliar.

Sus lógicas internas, sus códigos estéticos y sus sistemas de legitimación a menudo se oponían frontalmente. El conservatorio desaprobaba mis compromisos folclórico-populares; los cantores consideraban problemática mi exposición a las formas «occidentales». Esta tensión, en lugar de disuadirme, se convirtió en un campo de investigación. Mi trabajo de doctorado se centró en la música popular griega y sus retos de investigación, lo que me llevó a abordar estos repertorios no sólo como intérprete, sino también como musicólogo. La convergencia de estas dos posiciones (intérprete y estudioso) me reveló tanto su profunda distancia como su posible cohabitación. Como resultado final, ya no experimento la música a través de dicotomías jerárquicas. La entiendo como un campo de prácticas entrelazadas en el que la autonomía estética no surge por exclusión sino por *pericoresis*, una forma de habitación mutua entre actos, ideas y experiencias musicales.

Quisiera agradecer calurosamente a los editores de Libros Corrientes, y especialmente a Saioa y Carlos, su generoso acercamiento y sincero aliento. Su invitación a publicar este libro fue a la vez una sorpresa y un honor. También debo mi más sincero agradecimiento al profesor Gerhard Steingress, distinguido sociólogo y querido amigo a quien tuve el placer de conocer durante mi viaje a Sevilla. También quiero dar las gracias a Leonardos y Panagiotis Kounadis por su inquebrantable apoyo en todos mis esfuerzos editoriales, abriéndome siempre de par en par las puertas del vasto e importante Archivo Kounadis.

Iniciativas como ésta son de inmensa importancia. Reúnen a personas que viven en países diferentes y que no se han comunicado tanto como cabría esperar, a pesar de compartir sensibilidades y experiencias paralelas. Espero sinceramente que las iniciativas de Libros Corrientes se sigan desarrollando y encuentren el reconocimiento y el apoyo que merecen. También espero que este proceso pueda llegar a ser recíproco: que textos españoles sobre música, que están casi totalmente ausentes de las traducciones griegas, lleguen finalmente a los lectores del mundo de habla griega.

Este libro surgió de mi participación en el congreso de 2022 titulado *El 22. La forma-concurso. La cristalización del flamenco como género entre las músicas del mundo*, coorganizado por la Universidad Internacional de Andalucía, la XXII Bienal de Flamenco y la Universidad de Sevilla. Este texto, ahora desarrollado en forma de libro, fue concebido originalmente bajo la forma de ponencia bajo el título «Música popular y política en Grecia».

El libro no comenzó, pues, como un proyecto destinado a la publicación académica. Eso, quizá, le da una particular intimidad y un tono diferente. Después de

más de veinticinco años tocando música profesionalmente, y más de quince años investigándola, vi esta
oportunidad como una ocasión para reunir algunas de
las preguntas e inquietudes que me han preocupado
tanto en mi trabajo académico como en el escenario.
Es, en ese sentido, una destilación de ciertas cuestiones
clave relativas a las ideologías, las relaciones de poder
y los procesos socioculturales que han configurado el
tratamiento de la música folclórica y popular en Grecia.

Echando la vista atrás, me doy cuenta de lo mucho
que había dado por sentado como músico en activo:
cuántas de las cuestiones que ahora analizo habían permanecido invisibles para mí durante años. Hizo falta
investigación, distancia histórica y una reflexión crítica
sostenida para empezar a identificarlos y articularlos.
Esta toma de conciencia ha profundizado mi respeto por
las distintas destrezas, metodologías y formas de conocimiento que caracterizan la creación musical y el análisis
musicológico. Se trata, sin duda, de dos tipos de trabajo
diferentes. Cada uno exige sus propias herramientas y su
propia disciplina. La experiencia de interpretar música,
con su inmediatez, encarnación y conocimiento intuiti-
vo, a menudo se aleja de los marcos analíticos que rigen
la interpretación académica.

Y, sin embargo, este libro no existiría sin la interacción entre estas dos perspectivas. Ahora veo más

claramente cómo cada lado enriquece al otro. La interpretación sin reflexión puede ocultar las fuerzas ideológicas que la conforman. Pero la reflexión sin proximidad a la práctica musical corre el riesgo de la abstracción. Es en la tensión —y, a veces, en la convergencia— entre estos papeles donde he encontrado el terreno más fértil para el pensamiento. Si este texto consigue algo, espero que sea invitar a una forma más dialógica de pensar y escuchar, que abrace la complejidad y vaya más allá de las certezas heredadas.

Este libro está dedicado a mis dos sobrinas pequeñas, Sofoula y Melinoula, que me «enseñaron» que, finalmente, la «distancia» sólo puede escribirse y entenderse entre comillas.

Nikos Ordoulidis
Clermont-Ferrand, Francia
20 de mayo de 2025

1. Cómo escuchar un país

Este libro explora la compleja relación entre música e ideología en la Grecia del siglo XX. Se centra en la música popular de habla griega y en los procesos ideológicos a través de los cuales ha sido legitimada, impugnada e instrumentalizada por diversas fuerzas políticas y culturales. No se pretende hacer un repaso histórico de los acontecimientos ni de las transformaciones estilísticas, pues tal objetivo sería impracticable dentro del alcance y el tono de esta obra. Se trata más bien de una investigación reflexiva sobre los mecanismos que configuraron las narrativas musicales, las jerarquías estéticas y los marcos discursivos. Estos mecanismos a menudo operaban bajo la superficie, incrustados en políticas institucionales, prácticas educativas y representaciones mediáticas.

Mi investigación de los últimos dieciséis años ha incluido un extenso estudio de fuentes de archivo, trabajo de campo y una amplia bibliografía sobre las relaciones multidimensionales entre política, ideología y cultura en Grecia. Muchos de los fenómenos que aquí se abordan han sido examinados en detalle en mis trabajos anteriores. Este volumen, sin embargo, pretende reunirlos desde una perspectiva sintética y críticamente comprometida.

Antes de proseguir, es necesario hacer algunas aclaraciones sobre el uso de la terminología. La complejidad conceptual que estoy tratando no es exclusiva del contexto griego, pero es especialmente pronunciada en él. En griego, el término *laïkí mousikí* (λαϊκή μουσική; λαός, es decir, el pueblo) —que puede traducirse como «música folclórico-popular»— se refiere principalmente a los géneros musicales urbanos asociados a la grabación comercial. El término que solía describir las expresiones musicales del campo era *dimotikí mousikí* (δημοτική μουσική; δήμος, es decir, la palabra arcaica para «el pueblo»), traducible al inglés como «demotic» o «folk». Desde la década de 1980, este término ha sido sustituido en gran medida por *paradosiakí mousikí* (παραδοσιακή μουσική; παράδοση, es decir, tradición o «música tradicional»), mientras que *laïkí* sigue refiriéndose a las prácticas musicales populares urbanas.[1]

Estos cambios terminológicos tienen una carga ideológica. Reflejan no sólo convenciones lingüísticas, sino también agendas culturales y políticas más amplias, a menudo tácitas, pero poderosas. En este libro, a menos

....
1 Para discusiones sobre terminología y el peso semántico de términos específicos, véase Kallimopoulou 2009, Kokkonis 2017a, y Ordoulidis 2021a & 2021b (passim).

que me refiera a un género musical concreto, utilizaré el término «popular» para distinguir entre prácticas académicas y no académicas, si bien reconozco plenamente que tal dicotomía es conceptualmente problemática. Lo que se considera «popular» varía según las lenguas, las ideologías y los contextos culturales.

Esta mismo proceso ilustra el problema: pienso el término en griego, lo escribo en inglés y la editorial lo traduce al español. Los significados, asociaciones y connotaciones del término en los tres idiomas pueden diferir significativamente. Del mismo modo, la distinción entre música «académica» y «no académica» no siempre está clara. En la práctica, estos límites son a menudo difusos, cuestionados y redefinidos por músicos, académicos y oyentes. Por eso me gustó el término propuesto por mi director durante mis estudios en la Universidad de Leeds (Reino Unido), Derek Scott. Sugirió que utilizáramos simplemente «de alto nivel», en lugar de «académico», «artístico», «clásico», etc.

El concepto de «popular», por tanto, no se trata aquí como un descriptor neutro. Tiene un peso histórico, una influencia ideológica y es semánticamente inestable. A medida que avancemos, los términos «popular» y «política», cargados ideológicamente, no se tratarán como descriptores neutros, sino como campos dinámicos de impugnación y significado.

2. MÚSICA BAJO LA BANDERA

El griego, como noción cultural, está moldeado por proyecciones ideológicas y narrativas institucionales. La influencia de las narrativas de continuidad histórica se examinará en detalle en el capítulo siguiente. Sin embargo, esta continuidad no implica una simple alineación entre las prácticas musicales y las fronteras del Estado griego. Más bien, proporciona la base ideológica para incluir o excluir expresiones específicas del canon nacional.

Una de las tensiones centrales que configuraron esta proyección cultural fue la cuestión de si la identidad griega moderna debía definirse en continuidad con Bizancio o en oposición a ella. Este dilema —si la identidad griega debía abrazar o rechazar el legado bizantino— impregnó los ámbitos culturales y, sobre todo, el ámbito del sonido, influyendo en qué elementos musicales se valoraban y cuáles se excluían. Los occidentales defendían un modelo neoclásico de helenismo. La opinión contraria —que fue ganando terreno a través de la ideología del «romiosyni»— insistía en abrazar el legado bizantino como parte integrante e ininterrumpida de la helenidad («*romiós*», es decir, cristiano de habla griega bajo dominio otomano, «*rûm*» en turco; en referencia a la capital bizantina, la «Nueva Roma»).[1] Este debate no se limitó a los ámbitos de la historia o la teología, sino que se extendió a la música, dando forma a la percepción de lo que constituía la «música griega». La tensión entre los elementos musicales occidentales y orientales —entre la armonía tonal y la expresión modal oriental, entre los instrumentos temperados y la microtonalidad, entre la polifonía y el canto monofónico— reflejaba esta línea de fractura ideológica. En otras palabras, la cuestión de «con Bizancio o sin Bizancio» se trasladó directamente al ámbito del sonido. Con el tiempo, este binarismo determinaría qué formas musicales se archivaban, institucionalizaban o marginaban.

Uno de los mecanismos clave de esta inclusión o exclusión ha sido la idea de pureza cultural y arraigo

---

1 Para el término «*romiosyni*», véase Zacharia 2008. Tras al menos un siglo de debate sobre si incluir o no el eslabón intermedio y más débil de esta cadena —a saber, Bizancio— surgió la conocida Generación de los años 30 para solidificar y ampliar el modelo de «*romiosyni*» y los «*romios*», términos que hacen referencia a la identidad griega con Bizancio como un componente fuerte y cohesionado del helenismo. Para la Generación de los años 30, véase Tziovas 2011.

histórico. Las prácticas musicales consideradas de fuentes «auténticas», como el canto bizantino o las tradiciones rurales demóticas, fueron acogidas sin problemas por la narrativa nacional. Otras, especialmente las que reflejaban la música otomana asociada a los musulmanes de habla turca, la vida de las clases bajas urbanas o la cultura popular cosmopolita, fueron devaluadas, silenciadas o deslegitimadas (como veremos más adelante, algunas de estas formas musicales acabaron reintegrándose bajo nuevas narrativas y marcos).

Los archivos de la discografía histórica ofrecen un lugar especialmente rico para observar estas dinámicas.[2] Las grabaciones sonoras no son documentos neutrales. Son producto de limitaciones tecnológicas, prioridades comerciales, juicios estéticos y restricciones políticas. Lo que se grabó, cómo se grabó y lo que se omitió reflejan luchas más amplias por el significado y la legitimidad.

La historia de las tecnologías de grabación y reproducción de sonido[3] configuró las condiciones en las

....

2 Para el archivo más organizado de Grecia y con el mayor número de registros históricos, véase el Museo Virtual del Archivo Kounadis [vmrebetiko.gr].

3 Para la historia de la grabación y las primeras compañías discográficas, véase por ejemplo: Gronow & Saunio 1999, Martland 2013, Moreda Rodríguez & Stanović 2023.

que se podía documentar y difundir la música.[4] Desde las primeras patentes de tecnologías de grabación de sonido en la década de 1870 hasta la creación de empresas de grabación en Europa y Estados Unidos, la industria discográfica no tardó en desarrollar unidades móviles capaces de captar interpretaciones en diversos lugares. Las primeras grabaciones en griego se realizaron en centros urbanos cosmopolitas como Constantinopla, Esmirna, Alejandría, El Cairo, Salónica, Atenas y Nueva York, la mayoría de ellos fuera del territorio del Estado griego.[5] Estas grabaciones constituyen artefactos culturales vitales que revelan la diversidad estilística, las rutas migratorias y los cambios en los gustos musicales. Nos permiten rastrear tanto las continuidades como las discontinuidades en la expresión musical, y estudiar la dinámica de la interpretación, la mediación, las transformaciones continuas y la recepción de un modo que las fuentes escritas a menudo no pueden.

....

4 Para ejemplos de trabajos que discuten los cambios producidos en la recepción y función de la música por la invención de la grabación sonora, véanse: Benjamin 2008 [1935], Adorno 1991 [1972 y 1976], Attali 1985 [1977], Frith & Horne 1987, Brady 1999, Gayraud 2019 [2018].

5 Para catálogos discográficos de grabaciones en griego, véase: Kalyviotis 2002, 2015 y 2019; Maniatis 2006, Hatziantoniou 2013, Museo Virtual del Archivo Kounadis [vmrebetiko.gr].

Durante décadas, sin embargo, el campo de la discografía permaneció marginal dentro de las humanidades, una marginalidad arraigada en el pensamiento y los escritos de filósofos como Theodor Adorno. A menudo se consideraba un depósito de curiosidades sonoras, interesantes, tal vez, pero indignas de una atención académica seria. En el contexto griego, este olvido se vio agravado por una dicotomía ideológica muy arraigada: por un lado, la música demótica o tradicional se presentaba como la auténtica voz del pueblo, arraigada en la tierra, transmitida oralmente y no contaminada por las corrupciones del mundo moderno. Por otro, cualquier expresión asociada a la discografía se tachaba a menudo de comercial, impura o inauténtica, producto de las presiones del mercado, la mediación tecnológica y la hibridación cultural (con connotaciones negativas).[6]

Esta oposición conceptual entre la música demótica «pura» y la música popular comercial «corrompida» se legitimaba en un antiguo marco romántico que privilegiaba e idealizaba lo rural frente a lo urbano. Este marco ideológico no era exclusivo de Grecia; se hacía eco de una tendencia europea más amplia, arraigada sobre todo en la tradición romántica alemana,

....

6   Para un análisis ver Ordoulidis 2021b: capítulo 1.

que idealizaba el «alma del pueblo» (*Volksgeist*) como pura, intacta y expresiva de una esencia nacional intemporal.[7] Surgida del proyecto etnográfico del siglo XIX de «coleccionar» canciones populares y preservar un pasado en vías de desaparición, esta lógica idealizaba al campesino como depositario moral y cultural de la nación. En su apogeo, culminó en las valorizaciones esencialistas de la cultura que alimentaron directamente las ideologías autoritarias, incluido el nacionalismo estetizado del nazismo. En Grecia, estas ideas encontraron un terreno especialmente fértil. La misma lógica romántica sirvió de base para privilegiar las expresiones demóticas —supuestamente intocadas por la contaminación extranjera— frente a las formas complejas, híbridas y urbanas que surgieron a través de la producción discográfica. En consecuencia, las prácticas discográficas —incluso las que recogían las primeras expresiones de la música popular— se consideraban a menudo menos dignas de conservación, estudio o representación nacional. Sólo recientemente ha empezado a cambiar esta percepción, ya que los estudiosos se han vuelto hacia la discografía histórica no sólo como fuente de información musical, sino como campo de impugnación ideológica, un espacio

....

7   Para un análisis ver Bohlman 2004.

Figura 1: Postal de Prinkipo (Büyükada), la mayor de un grupo de islas del Mar de Mármara, Constantinopla (Museo Virtual del Archivo Kounadis [vmrebetiko.gr])

donde el poder, el gusto, la identidad y la memoria se negocian de formas que desafían profundamente la dicotomía entre lo «auténtico» y lo «adulterado».

En lugar de reproducir las dicotomías que han estructurado el discurso público en torno a la música griega —urbana frente a rural, este frente a oeste, nuestra frente a ajena, alta frente a baja, auténtica frente a adulterada—, este libro pretende poner de relieve las ambigüedades, los enredos y las trayectorias alternativas que surgen cuando escuchamos más allá de las convenciones. No propone una narrativa definitiva. Por el contrario, invita a reflexionar sobre la labor ideológica que desempeña la música, las formas en que produce y sostiene hegemonías, y el potencial que encierra para desbaratarlas.

Estas dinámicas ideológicas no se limitan al pasado. Sus consecuencias siguen siendo visibles en la Grecia contemporánea, especialmente en el sistema educativo. Los programas escolares reproducen a menudo visiones esencialistas de la música griega, presentándola como una tradición pura y homogénea enraizada en el tríptico que conforman la Antigüedad, Bizancio y la cultura popular rural.[8] Las prácticas musicales moldeadas por la migración, la vida urbana, la interacción

8 Véase Zoubouli & Kokkonis 2016, Kokkonis 2018, Ordoulidis 2023.

17.1 Μούσα που παίζει
τρίχορδο ή πανδούρα

17.2 Λαούτο από αγιογραφία
της Μονής Λουκούς

17.3 Μικρός ταμπουράς
από τοιχογραφία του Θεόφιλου

17.4 Μ. Χιώτης
με τετράχορδο μπουζούκι

Figura 2: «Cuaderno de trabajo del alumno», 6° curso de primaria en Grecia, p. 35. Las imágenes, colocadas una al lado de la otra, representan la construcción ideológica de la continuidad histórica en su dimensión musical.[8]

8. Leyendas de las imágenes: «17.1. Musa tocando un trichordo o pandoura». La palabra «trichordo» (τρίχορδο) es el mismo término que se sigue utilizando hoy en día para uno de los dos tipos principales de buzuki, el instrumento más popular y el más estrechamente asociado a la música popular urbana griega. «17.2. Laúd de una pintura de un icono del monasterio de Loukous». Por un lado, se trata de una representación artística. Por otra, el libro no hace referencia alguna a las fuentes relativas a los nombres de tales instrumentos y a las épocas y lugares en que se utilizaban (es evidente que la pregunta «¿qué Bizancio, cuándo y dónde?» planea constantemente sobre el discurso público al respecto). Esto no es suficiente para que los autores dejen de utilizar el término «laúd» (laouto, λαούτο), un término utilizado actualmente tanto por los músicos como por el público. Sin embargo, esto conlleva una omisión importante: el *laouto* es un instrumento temperado: tiene trastes y toca tonos y semitonos. «17.3. Pequeñas panderetas de un mural de Theophilos». «El legado de la generación de los años 30 reside en la revelación de lo folclórico y su transformación, a través de la mediación de intelectuales-artistas, en una característica cultural suprarregional y nacional. Esto representa una versión diferente de la percepción arquetípica de la tradición, que comienza con figuras como Theophilos y Makrygiannis en Seferis, y continúa con el descubrimiento del rebético por Hadjidakis, *el laiko* artístico de Theodorakis y el coreodrama de Rallou Manou, basado en el teatro de sombras de Karagiozis. El arquetipo folclórico se transforma y moderniza en espectáculo urbano, experiencia auditiva, coreodrama o escenografía, nacionalizándose así» (Tziovas 2014: 472). Seferis, figura destacada de la «generación del 30», «descubrió» al pintor folclórico Theophilos (1870-1934) y pronunció un discurso en la inauguración de su exposición en el British Council de Atenas en 1947. «17.4. M. Chiotis con un buzuki de cuatro cuerdas». Es uno de los

cosmopolita o la cultura popular suelen marginarse o presentarse como formas «contaminadas». Además, las narrativas pedagógicas suelen atribuir al «espíritu griego» un papel central, casi despótico, como fuente original de la que se dice que emanan todas las tradiciones musicales orientales y, en ocasiones, incluso culturas musicales más amplias. En lugar de fomentar una conciencia crítica sobre el sincretismo histórico y el entrelazamiento cultural, estas opiniones promueven una visión del mundo en la que la nación —y el yo por extensión— se imaginan como inherentemente superiores, atemporales y autosuficientes. No se trata de una mera cuestión de historiografía musical. Estas

....

compositores folclórico-populares más célebres después de la Segunda Guerra Mundial. Aquí, la conexión intencionada es obvia: los «griegos» han estado tocando este (¿cuál, exactamente?) instrumento de tipo punteado durante más de 2.000 años. Más concretamente, desde alrededor del año 330 a.C., dado que no se proporciona información sobre lo que realmente se representa. Forma parte de la base del grupo escultórico de Apolo, Artemisa y Leto en Mantineia, atribuido a Praxíteles. Entre las figuras representadas hay musas que sostienen instrumentos musicales. Sin embargo, lo que no se dice es que las tres primeras imágenes son arte —representaciones de un *Otro* mundo—, mientras que la cuarta es una fotografía. Es una representación de la realidad, sin aspirar a entrar en el ámbito de la fotografía artística.

narrativas conforman las visiones del mundo, las actitudes políticas y la relación con otras culturas. Influyen en el modo en que los individuos se sitúan a sí mismos —y a su «propia» cultura— en el tiempo y el espacio globales. Fomentan una forma de imaginación cultural que a menudo sustituye la profundidad histórica por saltos temporales a través de dos milenios, pasando por alto las complejas realidades de la historia medieval y moderna, convirtiendo la noción de «griego» en una esencia abstracta que no requiere contexto, fricción ni diálogo. De este modo, la educación musical no se convierte en un espacio de exploración y reflexión, sino en un vehículo para la idealización nacional, el excepcionalismo cultural y, en última instancia, la inercia política.

Los capítulos que siguen exploran distintas facetas de estos enredos. El libro no pretende responder a la pregunta de qué «es» la música griega, sino más bien explorar el significado que se le ha dado. ¿A qué valores ha servido y cuáles ha ocultado? ¿Qué narrativas ha apoyado y cuáles ha cuestionado? ¿Y cómo podríamos escuchar —y escribir— de otro modo?

3. EL PESO IDEOLÓGICO DE LA CONTINUIDAD

Uno de los marcos más poderosos que han configurado el discurso cultural del Estado griego ha sido la ideología de la continuidad histórica. Quizá no haya condensación más emblemática de esta ideología, tanto en imagen como en sonido, que la ceremonia de inauguración de los Juegos Olímpicos de 2004, celebrada en Atenas. Esta narrativa postula un linaje directo e ininterrumpido desde la Antigüedad clásica, pasando por Bizancio, hasta el Estado griego moderno. Más que una hipótesis histórica, esta continuidad ha funcionado como una herramienta de legitimidad cultural, una forma de reivindicar autoridad, unidad y carácter distintivo. En este contexto, la música no era simplemente un producto cultural. Se convirtió en un símbolo de identidad nacional, y la selección de qué formas musicales promover o suprimir estaba profundamente entrelazada con imperativos ideológicos.

Este discurso de continuidad cristalizó en el siglo XIX, durante la formación del Estado-nación griego, que fue uno de los primeros estados-nación europeos surgidos del antiguo mundo de los imperios multiétnicos (la Revolución griega contra el Imperio otomano comenzó en 1821). Un momento clave en esta construcción ideológica fue el enfrentamiento entre el historiador alemán Jakob Philipp Fallmerayer (1790-1861) y el erudito griego Konstantinos Paparrigopoulos (1815-1891). Fallmerayer había negado la continuidad biológica y cultural entre los griegos antiguos y modernos, argumentando que los habitantes modernos de Grecia estaban eslavizados y, por tanto, desconectados del mundo antiguo.[1] Esta provocación provocó intensas reacciones, que culminaron con la contranarrativa de Paparrigopoulos,[2] que estableció a Bizancio como vínculo crucial entre la antigüedad y la modernidad. El modelo ideológico de continuidad ininterrumpida —de la Antigüedad a la Grecia moderna, pasando por Bizancio— proporcionó un poderoso marco que configuró la historiografía musical griega y la política institucional. Esta innovación ideológica tuvo una enorme influencia. Ofrecía una respuesta al escepticismo externo y un mito interno unificador que definiría la educación, la historiografía y la política cultural griegas durante generaciones.

....

1 Véase Fallmerayer 1827, 1830 y 1835.
2 Paparrigopoulos 1865-1874.

Este modelo histórico tripartito se convirtió en el marco en el que se evaluaba la legitimidad cultural.[3] Las expresiones musicales que podían alinearse con esta secuencia eran elevadas; otras eran marginadas o ignoradas. Las implicaciones de este modelo para la música popular fueron significativas. Las formas percibidas como arraigadas en la tradición oral y vinculadas a la música eclesiástica bizantina o a las expresiones demóticas rurales fueron valoradas como auténticamente griegas. Por el contrario, las asociadas a los centros urbanos, al cosmopolitismo cultural otomano o a la cultura de masas moderna eran vistas a menudo con recelo, cuando no con franco desdén.

Una de las expresiones más emblemáticas de este esquema ideológico reside en la forma en que la música bizantina llegó a percibirse como sucesora legítima del espíritu musical de la antigua Grecia. En muchos relatos, tanto académicos como populares, el canto bizantino no sólo se presentaba como la tradición eclesiástica dominante, sino como el hilo conductor ininterrumpido entre la Antigüedad y el presente. Se convirtió en el puente musical a través de los siglos, permitiendo que

....

3   Sobre la construcción ideológica de la continuidad histórica en general, véanse en detalle: Hamilakis 2007; Tziovas 2014; Herzfeld 2020 (1.ª ed. 1986). En cuanto a la música, véase: Kokkonis 2008; Tsetsos 2011; Ordoulidis 2021a.

la narrativa nacional viajara de la racionalidad y el orden clásicos a la espiritualidad bizantina y, en última instancia, a la identidad griega moderna. Algunas versiones de esta narrativa iban más allá, sugiriendo que las huellas de la influencia musical griega habían llegado a lejanos territorios orientales —desde Persia hasta la India— a través de las campañas de Alejandro Magno.[4] En este gran imaginario, la canción demótica se consideraba un recipiente vivo de la esencia ancestral, una reencarnación del genio musical helénico en forma rural.

Esta lógica se extendió profundamente al discurso musicológico y a la práctica institucional. El canto bi-

....

4   Aunque existen varios ejemplos, nos referiremos aquí a las afirmaciones realizadas a partir de la década de 1960. Cuando se destapó uno de los mayores «escándalos» de plagio de canciones —a saber, el uso de música de películas de Bollywood en grabaciones griegas de la década de 1960— comenzaron a aparecer varios artículos denunciando a los compositores que habían grabado canciones indias en forma helenizada, sin permiso ni referencia a los originales. Entre las diversas líneas de defensa, surgieron dos argumentos interrelacionados y muy reveladores: uno se refería a los elementos culturales griegos supuestamente dejados en la India por Alejandro Magno; el otro, siguiendo la misma lógica, afirmaba una influencia bizantina en la música india. En resumen, los compositores griegos afirmaban que no hacían más que recuperar lo que originalmente había sido suyo (Cfr. Tasoulas & Ambatzi 1998).

zantino, antes relegado a la esfera del ritual religioso, se elevó a la categoría de patrimonio nacional. Sus características espirituales, musicales y formales se utilizaron para señalar continuidad y pureza, convirtiéndolo en una especie de monumento sonoro, un vínculo vivo con la esencia nacional imaginada. Con el tiempo, pasó a funcionar no sólo como símbolo de lo griego, sino también como instrumento para medirlo. El canto bizantino se convirtió en un índice de autenticidad, una norma implícita por la que se juzgaban otras expresiones musicales. En cierto modo, funcionaba como una especie de «griegómetro», un criterio sonoro a menudo imaginado para evaluar lo que era musicalmente aceptable, respetable o propiamente nacional. Las expresiones musicales que no se ajustaban a estas expectativas eran a menudo marginadas, consideradas de menor valor cultural o simplemente ignoradas. Sin embargo, hay que señalar que quienes construyeron estos puntos de referencia ideológicos y estéticos a menudo no eran conocedores de las tradiciones que pretendían evaluar. La legitimidad de estas expresiones musicales se filtraba a través de perspectivas externas —a menudo eruditas, filológicas, eclesiásticas; o, simplemente, ideológicas— que las trataban como objetos de refinamiento, rehabilitación o corrección más que como prácticas culturales autónomas por derecho propio.

Un revelador paralelismo al rechazo de Fallmerayer a la continuidad étnica griega puede encontrarse en la recepción del canto bizantino por parte de los musicólogos europeos de los siglos XIX y XX. Su escepticismo hacia la naturaleza modal y oral de la tradición —a menudo enmarcada en términos orientalistas o filológicos— cuestionó las pretensiones griegas de continuidad musical. Estas voces externas actuaron como una especie de «Fallmerayer musical», poniendo en duda las credenciales helénicas del canto bizantino e incitando a los eruditos griegos a desarrollar contranarrativas de pureza, antigüedad y linaje ininterrumpido. Como en el caso de la historia nacional, cuanto más antigua y «auténtica» parecía una transcripción musical, más valiosa se consideraba, independientemente de su contexto performativo. La obsesión por la notación, la fijación y el archivo marcaron así los términos del discurso musicológico griego durante décadas. Mientras tanto, la oralidad —y, lo que es más importante, la realidad viva y performativa del canto en sí— quedó totalmente fuera de juego. Se ignoró, no se teorizó y no se investigó, dejando importantes puntos ciegos epistemológicos en nuestra comprensión de la vida musical.

La transformación de los valores estéticos en jerarquías ideológicas no es más evidente en ninguna parte que en la reinterpretación del material musical del periodo otomano. Modos de expresión que antes se escuchaban en los paisajes sonoros multiculturales de ciudades como Esmirna, Constantinopla o Tesalónica fueron objeto de reclasificación. Lo que antes se denominaba *alla turca*, ahora se rebautizaba como *alla byzantina*, no necesariamente por una diferencia musical formal, sino por el valor simbólico asignado a los términos. El primero sugería impureza, decadencia y extranjería; el segundo, santidad, refinamiento y pertenencia nacional. Más allá de estas connotaciones estéticas, el propio término «otomano» evocaba el recuerdo de cuatro siglos de ocupación y subyugación, un periodo durante el cual una nación supuestamente milenaria había permanecido cautiva. En el imaginario nacional dominante, este trauma histórico justificaba el rechazo generalizado de todo lo relacionado con el antiguo opresor imperial. Los vestigios musicales vinculados a la cultura musulmana otomana de habla turca no eran simplemente extraños; eran recordatorios de la esclavitud y, por tanto, ideológicamente inadmisibles en el marco de una cultura nacional purificada. En el caso del patrimonio construido —como la antigua torre del reloj de mi ciudad natal, Naoussa—, el ayuntamiento ha optado, hasta la fecha, por etiquetarlo simplemente como «antiguo reloj-monumento del siglo XIX» en las placas turísticas públicas, evitando así cualquier referencia explícita a su origen otomano, considerado indeseable. En cambio, los emblemas sonoros siguieron un camino diferente: en lugar de referirse a la «música antigua», resultó mucho más conveniente rebautizarlos como «música bizantina». En lugar de describir «lo que es», el énfasis se desplaza a «de dónde viene» o «por qué es como es».

Este cambio de marca no se produjo en el vacío. Formaba parte de un proyecto nacional más amplio que pretendía purificar el ámbito cultural, trazar una línea clara entre lo «genuino» y lo híbrido, lo «griego» y lo «turco». Sin embargo, estas fronteras eran más ideológicas que musicales. En la práctica, los músicos se movían con fluidez entre ámbitos estilísticos y culturales. Instrumentos, modos, ritmos, danzas, posiciones vocales y técnicas de interpretación atravesaban fronteras, lenguas y comunidades. Lo que el oído nacionalista intentaba clasificar, fijar y mantener separado, el cuerpo musical seguía combinándolo, a veces conscientemente, otras inconscientemente; a veces deliberadamente, otras simplemente por costumbre o necesidad. El esfuerzo por imponer compartimentos estancos a la expresión cultural chocó con la propia naturaleza de la creación musical en un mundo multilingüe, multiétnico e históricamente enmarañado.

4. ESMIRNA, IDEALIZADA Y SILENCIADA

Un ejemplo especialmente revelador de la tensión entre ideología y práctica musical lo encontramos en el caso de Esmirna.[1] La ciudad ha sido mitificada en el discurso público griego como un paraíso cultural, un edén perdido de refinamiento cosmopolita y continuidad espiritual con el helenismo. Sin embargo, esta idealización, moldeada por el trauma de la catástrofe de Asia Menor, a menudo oculta las realidades musicales imperantes, sobre todo durante el siglo XIX y principios del XX. Una faceta particular de estas realidades sobrevive en las grabaciones históricas. Esta idealización no puede separarse de las realidades históricas que culminaron en la destrucción de Esmirna .

La comunidad ortodoxa griega, la más numerosa y poderosa económicamente de la ciudad, desempeñaba un papel dominante en la vida urbana de Esmirna. Sin embargo, este dominio generó resentimiento entre la

---

[1] Para Esmirna véanse, por ejemplo: Solomonidis 1957, Chatzigeorgiou 2002, Georgelin 2007, Jackson 2012.

población musulmana, especialmente durante el surgimiento del movimiento nacional turco bajo el mandato de Mustafá Kemal, más tarde conocido como Atatürk, o «Padre de los turcos». En 1922, durante la guerra greco-turca, Esmirna fue destruida y su población ortodoxa de habla griega fue expulsada, un momento recordado en Grecia como la «Catástrofe de Asia Menor». Este acontecimiento condujo a la firma del Tratado de Lausana y a un raro ejemplo en la historia mundial de intercambio de población a gran escala llevado a cabo por motivos religiosos: los cristianos ortodoxos de Turquía se reasentaron en Grecia y los musulmanes de Grecia se trasladaron a Turquía. Estos acontecimientos históricos estaban profundamente arraigados en el proyecto ideológico más amplio de la «Gran Idea», la visión irredentista que pretendía expandir el Estado griego para abarcar todos los territorios percibidos como históricamente griegos, especialmente en Asia Menor y Constantinopla. Esta aspiración no sólo determinó las acciones políticas que condujeron a la catástrofe de Esmirna, sino que también influyó en el modo en que su memoria y su patrimonio musical se reformularon posteriormente al servicio de los ideales nacionales.

Más allá de los acontecimientos, los marcos ideológicos determinaron el recuerdo de Esmirna. Las prácticas musicales grecoparlantes de Esmirna se han presentado como la encarnación más auténtica de lo que el discurso nacionalista suele denominar «nuestro Oriente» (η καθ' ημάς Ανατολή).[2] Esta noción, sin embargo, dista mucho de ser neutral. Está cargada de proyecciones ideológicas que proceden de dos marcos principales: la ideología de la *romiosyni* y la corriente intelectual menos conocida pero influyente (obviamente relacionada con la primera) del «heleno-otomanismo».[3] La primera plantea la nación griega no sólo como una entidad política, sino como un continuo espiritual y cultural que abarca desde el helenismo antiguo, pasando por Bizancio, hasta el presente. La segunda, rearticulada en gran medida en el siglo XX a través del «movimiento neo-ortodoxo»,[4] considera que la identidad griega se ha desarrollado orgánicamente dentro del amplio mundo otomano, no a pesar de él. En ambos casos, Esmirna se imagina como depositaria de la esencia nacional, no por su sincretismo, sino a pesar de él.

Sin embargo, fue precisamente el sincretismo lo que caracterizó la escena musical de Esmirna. El paisaje sonoro de la ciudad estaba conformado por repertorios entrelazados: música clásica otomana de la corte, el café

....

2 Véase Kontaratos 2007.
3 Para un análisis ver Anagnostopoulou 1998, y Gondicas & Issawi 1999.
4 Véase Gouraros 2023.

cantante y la opereta, las canciones demóticas, danzas europeas, tradiciones musicales armenia y judía, y modismos foclórico-populares griegos. Los conjuntos musicales incluían clarinetes, ouds (laúdes árabes), laúdes, kanuns, violines y pianos. Estas prácticas poliestilísticas no se ajustan a las categorías purificadas del imaginario nacional. Sin embargo, se conservaron en las primeras grabaciones, un ámbito que, como ya se ha dicho, permaneció descuidado durante mucho tiempo y era ideológicamente sospechoso. Su propia supervivencia en forma grabada complica la narrativa de la purificación ideológica.[5]

La pluralidad estilística evidente en el repertorio grabado no era casual. Reflejaba el carácter multiétnico, multilingüe y cosmopolita de Esmirna, una ciudad donde las comunidades de italianos, suizos, judíos, estadounidenses, franceses, británicos, armenios y otros —que, a menudo denominados colectivamente levantinos, llevaban, en algunos casos, viviendo allí hasta dos siglos— estaban profundamente arraigadas en el tejido social y cultural. Sin embargo, el marco ideológico de la música de Esmirna complica este panorama. Esto plantea una cuestión clave: si el cosmopolitismo de Esmirna se reconoce abiertamente en

5 Para la realidad musical grecoparlante de Esmirna véase: Kalyviotis 2002, Fabbri 2016, Ordoulidis 2021b.

el discurso público griego, ¿por qué su música grecoparlante sigue identificándose abrumadoramente con
«Oriente»? La respuesta se encuentra en una para-
doja ideológica más profunda. La narrativa nacional
dominante tiende a promover una imagen dual: por
un lado, celebra Esmirna como centro cosmopolita de
modernidad y refinamiento, destacando especialmente el papel protagonista de su comunidad ortodoxa
griega en la innovación económica y cultural. Por otro
lado, presenta las prácticas musicales grecoparlantes
como innatamente orientales, espiritualmente continuas con el pasado bizantino. Sin embargo, estas dos
lógicas son incompatibles. Una tradición no puede
ser simultáneamente cosmopolita e inequívocamente
oriental. Para mantener la coherencia del imaginario
nacional, la narrativa selecciona lo que es ideológicamente conveniente: destaca la agencia modernizadora
de los hablantes griegos, mientras oculta o margina los
aspectos más sincréticos y occidentales de su actividad
musical: los valses, los pianos, las versiones heleniza-
das de canciones napolitanas y francesas.[6] Lo que se

....

6   Cfr. la sala de exposición virtual titulada «Cosmopolitanism in Greek
    Historical Discography» en el Museo Virtual del Archivo Kounadis.
    Allí se pueden encontrar decenas de grabaciones relacionadas con
    Esmirna en las que músicos de habla griega adoptaron canciones eu-
    ropeas (https://vmrebetiko.gr/en/cosmopolitanism-en/)

deja de lado es el terreno intermedio, la zona prag-
mática intermedia entre Oriente y Occidente, donde
se desarrolló gran parte de la realidad musical de Esmirna. Este terreno «intermedio», que el musicólogo George Kokkonis denominó acertadamente como
«formación *alla Greca*», revela patrones de adopción
por parte de los músicos que operaban en estos entornos culturales multiétnicos. Las primeras grabaciones
discográficas, como raros fragmentos de esta realidad
musical suprimida, ofrecen una visión crucial de estos
complejos enredos. Estos documentos sonoros revelan
no sólo la diversidad estilística, sino también los enredos culturales de la migración, el trabajo, la clase social y la interpretación multilingüe. A través de ellos,
podemos reconstruir un paisaje sonoro que desafía la
imagen idealizada de una Esmirna homogéneamente
«oriental».

Este modelo de reinterpretación retrospectiva tiene implicaciones más amplias. Esmirna, como símbolo, no sólo sirve para expresar la pérdida, sino también
para legitimar el recuerdo selectivo. Las expresiones
musicales de Asia Menor podían tolerarse o incluso
celebrarse, siempre que se enmarcaran en términos de
pérdida, nostalgia o continuidad espiritual con una pa-
tria mítica. Las que se resistían a este encuadre tenían
más probabilidades de ser rechazadas o ignoradas. Lo

Figura 3: Tarjeta postal que muestra el Club des chasseurs y la calle Galazzio en Esmirna, fechada entre 1903-1907 (Museo Virtual del Archivo Kounadis [vmrebetiko.gr])

que surge de esta configuración ideológica no es simplemente un sesgo hacia determinados estilos. Se trata de una estructura hegemónica de escucha que impone la escucha selectiva y el olvido selectivo. Y se refuerza no sólo a través del discurso, sino también a través de la educación, los medios de comunicación y los marcos institucionales. De este modo, la complejidad cultural de Esmirna se aplana en favor de un ideal nacional: una memoria purificada que se ajusta a las necesidades ideológicas de la Grecia posterior a la catástrofe, al tiempo que silencia las realidades más ambiguas y enmarañadas de su pasado musical.

Así pues, la idealización de Esmirna se basó en un doble gesto: por un lado, una romantización de lo perdido; por otro, un silenciamiento de lo que no encajaba. Incluso los conjuntos urbanos de la ciudad —como las estudiantinas, que interpretaban canciones populares con mandolinas, guitarras e instrumentos de cuerda occidentales— fueron objeto de una reinterpretación retrospectiva. Estos grupos, a menudo tratados como portadores de la nostalgia griega, operaban en realidad dentro de circuitos de entretenimiento más amplios que abarcaban los territorios otomanos y las regiones vecinas, incluidos los Balcanes, el Levante y el norte de África. Vinculados por rutas comerciales, lugares de gira y repertorios compartidos, estos mismos circuitos —junto con audiencias multilingües y los fluidos códigos musicales que circulaban por Europa— configuraron su repertorio, su imagen y su estética interpretativa.

Un ejemplo elocuente es la forma en que las estudiantinas esmirneas han sido presentadas en el imaginario cultural griego. Despojadas de sus filiaciones otomanas y su orientación comercial, se las recuerda como representantes de un pasado gentil, una versión helenizada de una cosmópolis musical. Sin embargo, las pruebas contemporáneas —incluidas las fuentes discográficas y visuales— cuentan una historia diferente: se trataba de grupos dinámicos, activamente comprometidos con los mercados populares, que viajaban a través de los imperios, adaptando su imagen y su sonido a los gustos locales. Su carácter griego no era una esencia esencializada, sino una afiliación contingente que coexistía con influencias otomanas, balcánicas y europeas. En contraste con estas realidades, el Estado griego posterior a 1922 y sus instituciones intentaron apropiarse de la música de Esmirna de forma que reforzara la narrativa nacional dominante. La estética de las estudiantinas, por ejemplo, fue desplazada por la de formas folclórico-populares «propiamente» demóticas o «purificadas». Los instrumentos y los estilos vocales que no se ajustaban a las normas imaginadas de la grieticidad fueron excluidos de los programas educativos, la representación mediática y los archivos oficiales.

Sin embargo, el propio término «estudiantina» siguió utilizándose en el discurso público, quizá precisamente porque conllevaba un aura europea deseable. Esta retención simbólica sirvió para modernizar el griego, enmarcándolo como más progresista y refinado que el «bárbaro» y «conservador» Oriente. Sin embargo, esta supervivencia lingüística contrasta con un olvido más amplio de las raíces históricas de las estudiantinas. La tradición de las estudiantinas se originó en España, donde los conjuntos estudiantiles de las universidades evolucionaron gradualmente hasta convertirse en agrupaciones musicales populares.[7] Su difusión en el mundo otomano y su posterior florecimiento en ciudades como Esmirna es un tema que ha recibido escasa atención académica, incluso dentro de la musicología española. En el contexto de este libro, tal vínculo merece ser destacado. Nos recuerda que la historia musical de Esmirna no es sólo otomana y griega, sino también ibérica, mediterránea y transimperial.[8]

....

7 Para un enfoque comparativo detallado entre el rebético, como surgimiento de los músicos de Esmirna, y el flamenco, véanse Steingress 1998 y 2023.

8 Cfr. Conejero 2008, Christoforidis 2017 y 2023.

Figura 4: Tarjeta postal de la Estudiantina d'Orient, un conjunto de habla griega de Esmirna, de gira por Europa en 1911[9] (Museo Virtual del Archivo Kounadis [vmrebetiko.gr])

---

9   Cfr. Ordoulidis 2021b y 2024b.

El recuerdo selectivo de Esmirna se extendió también a los propios instrumentos y sonidos asociados a ella. Un ejemplo especialmente llamativo de este silenciamiento se refiere a los instrumentos musicales. En los relatos contemporáneos sobre Esmirna, la prominencia de conjuntos como los dúos mandolina-guitarra —que dominaban claramente la discografía histórica— se ha visto eclipsada por la proyección retroactiva del dúo santur-violín, una pareja cargada ideológicamente que encaja mejor en el marco imaginado de la autenticidad musical griega.[10] Aún más llamativa es la ausencia del piano, una presencia muy visible en las primeras graba-

10 Obviamente, la afinación temperada del santur se degrada en aras de su tradicionalidad. Y, por supuesto, los caminos culturales (áreas geográficas, grupos etnoculturales, repertorios) a través de los cuales los dos instrumentos surgieron en el mundo de habla griega, no forman parte de la discusión, para que la narrativa central esté mejor servida. O, en casos aún más extremos, se obvian largos periodos de estas trayectorias culturales, y se menciona directamente a un «antepasado» de estos instrumentos, que aparentemente procede del mundo «griego», hace milenios. «Bonitos ejercicios de autocomplacencia nacionalista» (Kotaridis 2007, p. 15). En cualquier caso, la amplitud de la apropiación de ambos instrumentos por parte de los músicos griegos los convirtió, en cierto modo, en «griegos». Tanto el volumen de la discografía que surgió como las escuelas de interpretación que nacieron y siguen evolucionando justifican la literatura que habla del violín y el santur «griegos». Sin duda, su identidad *à la gréca* es una realidad.

ciones urbanas, pero ideológicamente desafiante debido a su fuerte asociación con la modernidad occidental.[11] La dificultad de integrar el piano en la narrativa *romiosyni* es elocuente. Como potente símbolo de Occidente, el piano no se presta fácilmente a un imaginario nacional que construye una visión de lo griego basada en última instancia en la espiritualidad ortodoxa y la continuidad bizantina. Su casi desaparición de la memoria musical pública de Esmirna no revela una ausencia histórica, sino una exclusión ideológica.

La ideología de la continuidad histórica, cuando se aplica a Esmirna, exige la supresión de todo lo que revele ruptura, sincretismo o negociación. Este enfoque, aunque emocionalmente resonante, limita en última instancia nuestra capacidad para comprender cómo funcionaba la música en Esmirna y, por extensión, en otras zonas de contacto del Mediterráneo oriental. Lo que se necesita es una reescucha crítica: un compromiso con las fuentes que trate a Esmirna no como un arquetipo nostálgico, sino como un espacio musical vivido, disputado y en evolución. En este sentido, Esmirna no sólo fue idealizada, sino también silenciada.

....
11 Sobre el piano en la música popular griega, véase Ordoulidis 2024a.

5. ¿A QUIÉN PERTENECE EL REBÉTICO?

Pocos términos musicales en Grecia han generado tanta ambigüedad, fascinación e inversión ideológica como la palabra «rebético». Sus significados son múltiples, sus asociaciones controvertidas y sus límites históricos difusos. En el discurso público, el rebético se presenta a menudo como un género, una tradición o incluso una «forma de vida». Sin embargo, la cuestión de qué es exactamente lo que se considera rebético —y, lo que es más importante, por qué— ha sido objeto de negociaciones constantes.

Esta incertidumbre no es accidental. Es el resultado de décadas de recuerdo selectivo, filtración cultural y reconfiguración discursiva. Está vinculada, a su vez, a la penetración ideológica de comunidades de música folclórico-popular a través de narrativas verticales y externas de continuidad histórica, narrativas que pretendían remodelar la memoria, definir la legitimidad e incorporar las expresiones musicales a un marco nacionalizado.

En el contexto griego, el rebético tiende a enmarcarse como la expresión más auténtica de la identidad musical popular urbana, un emblema sonoro del alma nacional, originado en espacios marginales pero elevado posteriormente a la prominencia simbólica. Sin embargo, la canonización del rebético ha conllevado numerosas exclusiones. Es menos un reflejo transparente de la práctica musical que una construcción retrospectiva moldeada por necesidades ideológicas.

En el discurso público, el rebético suele enmarcarse como la cristalización de una subcultura musical:[1] el sonido de los *tekés*, el antro de hachís, la celda de la prisión, el astillero y los bajos fondos. Su imaginería evoca figuras marginales, rituales masculinos, rebeldía y dolor. Instrumentos como el buzuki y el baglamás, letras que tratan de drogas, amor, cárcel o desesperación existencial, y un timbre vocal asociado a la crudeza y la verdad: estos elementos se tratan como distintivos

---

1   A continuación, algunos ejemplos de este discurso público: Petropoulos 1996 (1968), Holst 2006 (1975), Schorelis 1977-1981, *To minore tis augis* (serie de televisión de ERT —Radio y Televisión Nacional Griega—, 1983-1984, producción: Fotis Mesthenaios, guión: Vangelis Goufas, Fotis Mesthenaios), *Rembetiko* (película de 1983, producción: Costas Ferris, Giorgos Zarvoulakos, Kostas Sakkaris, dirección: Costas Ferris, guión: Costas Ferris, Sotiria Leonardou). Ver también Foro Rembetiko (www.rembetiko.gr).

del mundo del rebético. Es en este marco donde la llamada «escuela del Pireo» (el puerto de Atenas) se eleva a menudo como el auténtico núcleo del género, en contraste con la supuestamente más refinada «escuela de Esmirna» del capítulo anterior. El discurso público oscila generalmente entre dos modelos explicativos. Según uno, el rebético engloba dos escuelas —la de Esmirna y la del Pireo—, surgiendo esta última tras la catástrofe de Asia Menor con la llegada de músicos de Oriente, que habrían «orientalizado» la música griega en Atenas. El otro modelo restringe la definición, reconociendo sólo la escuela del Pireo como verdadero rebético, mientras que considera el estilo de Esmirna simplemente como su predecesor.[2]

....

2   «Sigue existiendo una laguna en cuanto al examen del corpus de grabaciones con reglas estéticas, para que la periodización del rebético se actualice también en términos musicológicos. La literatura sobre la periodización del rebético ya ha sido comentada adecuadamente (Smith 1991; Pennanen 1999; Gauntlett 2001; Kokkonis 2005). El propio término «estilo de Esmirna» es bastante problemático, ya que buena parte del repertorio no procede de Esmirna. Incluso lo que se grabó o floreció allí es más producto del cosmopolitismo de la zona y de la convergencia cultural que del estilo de Esmirna, al menos en términos geográficos. Además, en la periodización estereotipada y la clasificación de géneros del rebético, el término «estilo de Esmirna» suele identificarse con santurs y violines, algo también problemático. Σαντουροβιόλια (*santuroviólia*, santurovio-

Sin embargo, esta imagen, por dominante que sea, no está respaldada por la totalidad de la historia. La discografía de archivo, la prensa contemporánea, los catálogos de las discográficas y el propio repertorio revelan una imagen mucho más compleja. El término «rebético» fue utilizado de forma incoherente por sellos discográficos, artistas y críticos durante los años de entreguerras. Las canciones que hoy en día se denominan «rebético» se clasificaban entonces bajo diversos epígrafes: *laïka, kleftika, amane, Smyrneika, tourkika,*

----

lines), como se suele llamar en Grecia, constituyen sólo una parte de este repertorio» (Ordoulidis 2021a, p. xx, n.1). Además, en cuanto a la afirmación de que los santuroviolines llegan a Grecia debido a la llegada masiva de refugiados después de 1923, basta con echar un vistazo a la importante publicación de Theodoros Chatzipantazis para comprobar que los músicos de la orilla oriental del mar Egeo dan conciertos y/o trabajan en los escenarios musicales de Grecia desde mucho antes (Chatzipantazis 1986). Por último, como observa Andrikos, «muchos representantes de esta generación en cuestión que estarán activos después del 22 en Grecia, proceden de diversas partes del territorio otomano —por supuesto también de Constantinopla—, mientras que étnicamente suelen pertenecer a las otras dos grandes comunidades —aparte de la ron— no musulmanas del imperio, a saber, la armenia y la judía. Por último, muchos de ellos antes de su llegada a Grecia ya habían mostrado una importante actividad tanto en el campo de la interpretación como en el de la discografía no sólo en Esmirna sino también en la capital otomana» (Andrikos 2018, pp. 15-16, n. 2).

zeibekika, o simplemente *dimotika*. En algunos casos, la misma grabación aparecía en los catálogos bajo diferentes etiquetas de género según el mercado. La idea de un género coherente y consciente de sí mismo llamado «rebético» sencillamente no existía en la forma en que hoy se imagina retroactivamente.

Lo mismo puede decirse de los músicos. Los intérpretes hoy canonizados como figuras del rebético —Markos Vamvakaris, Stratos Pagioumtzis, Roza Eskenazi, Kostas Roukounas, Antonis Dalgas, Anestis Delias— no se consideraban necesariamente parte de un movimiento unificado. Muchos de ellos grabaron en un amplio espectro de estilos e idiomas. Se movían libremente entre los llamados estilos esmirnáico y del Pireo, de los géneros urbanos a los rurales, de los estilos modales otomanos de Asia Menor a las composiciones italianas o francesas, del demótico a la opereta; así como expresiones sincréticas que combinaban varias de estas características. Su identidad profesional estaba menos marcada por la ideología y más por la adaptabilidad, la oportunidad y la dinámica de la industria discográfica, así como por la escena de la música en vivo, las tabernas y los locales donde realmente se ganaban la vida.

De hecho, el papel de la industria discográfica es crucial para comprender la formación —y posterior codificación— del rebético. Lo que se documentó en las grabaciones no fue una esencia pura de lo griego, sino un campo poliestilístico de coexistencia. El catálogo estaba moldeado por la demanda comercial, el público griego diaspórico y los códigos musicales sincréticos de Constantinopla y Esmirna, donde se podía encontrar música de diversos entornos: Asia Menor, los Balcanes y Europa del Este. Y aunque muchos de los componentes estilísticos que más tarde se asociarían con el rebético —ritmos *zeibekiko*, melodías modales orientales, temas de alienación y marginalidad— estaban presentes en estas grabaciones, aún no se habían fusionado en un género con límites claros. El marco ideológico que más tarde dio lugar al «rebético» como género diferenciado surgió mucho más tarde, impulsado por ansiedades nacionalistas, morales, estéticas y culturales. Como en otros casos analizados en este libro, el proceso implicó el silenciamiento de ciertos aspectos y la elevación de otros.

La persecución del rebético no puede atribuirse a un único momento histórico o régimen. Más bien fue el resultado de una red más amplia de ansiedades morales, marcos legales, proyecciones ideológicas y limitaciones prácticas impuestas por las autoridades estatales y los académicos. Desde principios de la década de 1930, y especialmente durante la dictadura de Ioannis

Figura 5: Roza Eskenazi (judía sefardí de la comunidad de Constanti-nopla, posteriormente activa en Atenas), Agapios Tomboulis (banjo; más conocido como intérprete de oud), Antonis Amiralis (acordeón; uno de los mayores innovadores del acordeón de botones o armónica en Constanti-nopla) y dos músicos no identificados (guitarra y violín), en 1934 (Museo Virtual del Archivo Kounadis [vmrebetiko.gr]).

Metaxás (1936-1941), las canciones que hacían referencia al hachís, la cárcel o la violencia fueron sistemáticamente perseguidas. Se modificaron u omitieron letras, se archivaron grabaciones y se produjeron nuevas versiones para cumplir las exigencias de la censura. Pero más allá de la censura de las letras, también hubo una higienización estética del propio sonido grabado. Esta campaña contra los «elementos que suenan a Oriente» no fue un fenómeno aislado. Hay que entenderla como parte de una lucha cultural más larga en el seno del Estado griego —la misma de la que hemos hablado antes— en torno al lugar de Oriente en la identidad griega. En este momento histórico, especialmente tras la catástrofe de Asia Menor y el trauma ideológico que infligió, lo que se rechazaba no era simplemente el exceso moral. Eran los propios elementos orientales. Los marcadores sonoros del cosmopolitismo otomano se convirtieron en recordatorios de un mundo perdido y, lo que es más significativo, de un fracaso percibido. El rechazo de estos rasgos en las grabaciones de rebético durante el periodo de Metaxás debe interpretarse no sólo como una represión conservadora, sino también como un intento de realinear sonoramente lo griego con un ideal purificado, modernista y occidentalizado. La lucha por lo que se escuchaba reflejaba la lucha más amplia por lo que se podía recordar.

Pero, irónicamente, fue precisamente a través de este proceso de rechazo y censura como el rebético adquirió su aura de autenticidad. La lógica de la purificación —la misma que pretendía suprimir el pluralismo musical urbano— acabó reforzando el mito de una tradición rebelde y no adulterada. La canonización del rebético no fue una mera respuesta popular desde abajo, sino una compleja negociación entre marginalidad, control estatal e ideología nacional. En resumen, el rebético no nació como género, sino que se convirtió en uno. Su identidad se construyó retroactivamente, mediante actos de denominación, encuadre y narración, todos ellos de naturaleza profundamente ideológica. Su estatus actual como componente central del patrimonio musical griego oculta las contingencias históricas y las fuerzas políticas que dieron forma a su aparición. Lo que hoy llamamos «rebético» no es una realidad preservada, sino un recuerdo reensamblado.

En el discurso público griego, sobre todo a partir de la década de 1960, surgió una narrativa dominante que situaba a la dictadura de Metaxás como principal antagonista de la música rebético. Este relato solía ir acompañado de esfuerzos revivalistas que enmarcaban el rebético como un género perseguido, silenciado por su contenido subversivo, sus características asociadas al paisaje sonoro oriental y sus conexiones con estilos de vida marginales. Sin embargo, un examen más detenido de los registros históricos revela una realidad más intrincada. Lo que realmente se perseguía durante este periodo eran dos elementos distintos: en primer lugar, ciertos rasgos sonoros orientales —y más notablemente el *amané*, un estilo de improvisación vocal modal oriental que se había asociado estrechamente con un origen musical «turco» (una etiqueta que, curiosamente, más tarde se reformuló como de linaje «bizantino»)—;[3] y, en segundo lugar, las letras marginales del repertorio: referencias al hachís, la cárcel, el crimen y los bajos fondos.

La música que más tarde se canonizaría como rebético no era entonces un género coherente o autodefinido. Incluso si aceptamos la identificación estereotipada del rebético con el estilo del Pireo —canciones basadas en el buzuki, temas de los bajos fondos, estilos de vida marginales—, esto sólo refleja una faceta de una realidad musical poliestilística y transregional mucho más amplia. La discografía histórica contiene numerosas grabaciones etiquetadas como «rebético» que no pre-

---

3 Merece la pena señalar que, curiosamente, elementos musicales similares de sonoridad oriental que entraron a través de tendencias musicales europeas orientalistas —en particular a través de la música ligera— no fueron objeto de las mismas formas de exclusión o persecución (véase Evangelou 2024 para un análisis detallado).

sentan ningún rastro de ornamentación oriental ni de contenido marginal. Por el contrario, las primeras canciones basadas en el buzuki —incluidas las de Markos Vamvakaris, a menudo llamado el «Patriarca del rebético»— sólo empezaron a aparecer en masa a partir de 1933 en Atenas. Sin embargo, el término «rebético» ya aparecía en las etiquetas de los discos en 1912, en Constantinopla y otros lugares fuera del Estado griego. La idea de que el rebético era sinónimo de modos orientales o marginalidad no sólo es reduccionista, sino que también es históricamente engañosa. Refleja la imposición retrospectiva de una narrativa homogénea y nacionalizada sobre un repertorio que, en la práctica, era diverso.

6. DISCIPLINAR EL SONIDO POPULAR

El clima ideológico que siguió a la catástrofe de Asia Menor preparó el terreno para una serie de intervenciones polémicas. Una de las más emblemáticas fue la de Sofía Spanoudi, una crítica cultural conservadora que atacó frontalmente las prácticas musicales que asociaba con la decadencia moral y el exceso oriental. Sus artículos, publicados en la prensa de entreguerras, condenaban la música «oriental» que circulaba en cafés y espacios públicos, argumentando que corrompía el gusto de los jóvenes y degradaba los estándares culturales de la nación. Como ella misma escribió:

> Todos estos «dolorosos vestigios de esclavitud y pérdida» [...] junto con las canciones autóctonas «rebético» constituyen una corriente de malolientes aguas residuales musicales [...] Es imperativo que se establezca un comité responsable [...] para arrojar sin piedad al fuego todo elemento bajo e indigno, pero también para filtrar bien la música de los *laiko* (Spanoudi, periódico *Eleutheron Vima*, 7 de octubre de 1938).

El discurso de Spanoudi no era aislado. Formaba parte de una constelación más amplia de voces —de críticos, educadores y políticos— que pretendían elevar el espíritu nacional a través de la disciplina estética. Su intervención es especialmente significativa porque es anterior a la censura oficial del régimen de Metaxás y nos ayuda a comprender el andamiaje ideológico que hizo que dicha censura fuera pensable, si no inevitable. Para Spanoudi, como para otros, la cuestión no era simplemente cómo sonaba la música, sino qué imagen de Grecia proyectaba. Y la música percibida como cruda, oriental y moralmente sospechosa era claramente incompatible con su visión del ideal nacional.[1]

La censura oficial instituida por la dictadura de Metaxás a finales de la década de 1930 marcó un giro decisivo en la gestión ideológica del sonido griego. La política del régimen se dirigía no sólo a letras concretas, sino también a rasgos estéticos considerados incompatibles con su visión de la dignidad nacional. El objetivo no era simplemente suprimir la inmoralidad. Se trataba de alinear el paisaje sonoro con una imagen purificada y disciplinada de lo griego: ordenada, edificante, orientada hacia Occidente y libre de indeseables

---

1 Sobre Spanoudi y las polémicas más amplias de la época, véanse Vlisidis 2004, 2006, 2021, Anagnostou 2011 y 2018, y Ordoulidis 2021a: capítulo 7.

rastros «orientales». La hostilidad del régimen no se extendía por igual a todas las huellas sonoras «orientales». Fue el *amané* el que se llevó la peor parte de la exclusión ideológica.[2] Pero, como hemos visto antes, pronto se refundaría como «bizantino» y se relegitimaría.

Es en este ambiente cultural e ideológico donde debemos situar la intervención de Manos Hadjidakis, figura clave de la llamada Generación de los años treinta. Este movimiento intelectual y artístico, empeñado en redefinir la identidad griega a través del modelo *romiosyni*, mediante una síntesis de tradición y modernidad, desempeñó un papel crucial en la configuración de los valores estéticos de la posguerra. Hadjidakis, profundamente influido por el marco ideológico de esta generación, reinterpretó la helenidad no como algo dado, sino como algo que había que construir mediante el refinamiento artístico y la continuidad nacional. En 1949, en plena Guerra Civil y sólo unos años después de la devastación de la Segunda Guerra Mundial, Hadjidakis pronunció una conferencia pública, hoy famosa, sobre

....

2   *Los amanes* (también *manes*) podrían compararse con el *gazel* turco. Se trata de improvisaciones vocales, basadas en entidades musicales modales, y las vemos en diversas formas y expresiones. Sobre *el gazel* y los *manes*, véase: O'Conell 2003, Kounas 2019 y Kokkonis 2017b.

el rebético.[3] Esta intervención, a menudo citada como el comienzo de la «exoneración» del rebético, ofreció una reevaluación estética y moral sin precedentes del repertorio. En lugar de rechazarlo por degenerado u «oriental», Hadjidakis reformuló el rebético como una auténtica expresión del alma griega, un lenguaje musical incomprendido cuya verdad interior había quedado oscurecida por los prejuicios y la distorsión ideológica.

Su argumento se basaba en un sorprendente pivote ideológico. Basándose en la gran narrativa de la continuidad histórica, Hadjidakis postuló que el rebético descendía del espíritu musical de Bizancio y de elementos conceptuales de la antigua tragedia griega. El carácter modal oriental, el humor melancólico, el énfasis en el dolor interior y la trascendencia: todas estas características se presentaban no como restos de la decadencia otomana, sino como ecos de una profunda herencia heleno-bizantina. No se trataba de un gesto retórico menor. Alineaba el repertorio con el mito nacional dominante, permitiendo su reabsorción en el proyecto ideológico de *la romiosyni*. El rebético, en esta

---

3 Para la relación de Hadjidakis con el rebético, véase: Seiragakis 2011, Tambakaki 2015, Kokkonis 2019. En general, para el papel desempeñado por la conferencia, pero también la forma en que Hadjidakis abordó el rebético en ella, véase Gauntlett 2001, Vlisidis 2004: 76-80, Papanikolaou 2007, y Michael 2015.

formulación, ya no era un síntoma de marginalidad o alienación. Era una expresión latente del *romios* interior, la figura que conectaba a la nación griega con su pasado ortodoxo y bizantino.

Este movimiento fue radical no sólo porque exoneraba a un repertorio que había sido marginado durante mucho tiempo, sino porque lo hacía a través del lenguaje del valor estético. Hadjidakis enmarcó la música de Vamvakaris no como un fenómeno sociológico ni como una curiosidad folclórica, sino como estética, despojada de vulgaridad, elevada mediante la interpretación y digna de una consideración seria. De este modo, consiguió que el rebético fuera aceptado por un público de alto nivel que antes lo había rechazado. Pero esta exoneración estética tuvo un coste: para revalorizarse, el rebético tuvo que redefinirse. La «salsa» de la interpretación —es decir, el fraseo idiomático, la ornamentación, la armonización y otros rasgos estilísticos—, la ornamentación oriental *alla turca*, las letras de los bajos fondos, todo ello tuvo que suavizarse, extirparse o reinterpretarse. Como se ha señalado en reflexiones posteriores de estudiosos y músicos, incluido el propio Hadjidakis, la aceptación pública del rebético estaba inextricablemente ligada a su purificación parcial. Este proceso de purificación no se limitó a la retórica. En su propia producción artística, Hadjidakis orquestó canciones folclórico-populares seleccionando cuidadosamente piezas de compositores específicos, cuya obra se alineaba con su visión de la dignidad musical. Sus reelaboraciones presentaban una versión estilizada del material folclórico-popular: melódicamente racionalizada, armónicamente enriquecida y formalmente disciplinada. De este modo, creó un repertorio paralelo que podía circular por teatros, salas de conciertos y emisoras de radio sin provocar las ansiedades de la decadencia moral o la regresión oriental. Este momento puede considerarse un punto de inflexión crucial en la aparición gradual del llamado «estilo artístico folclórico-popular».

La ironía es sorprendente: el mismo proceso que legitimó el rebético también lo transformó. La intervención de Hadjidakis no puede interpretarse como una adopción acrítica, sino como un reempaquetado estratégico que filtró el repertorio a través de una lente modernista de coherencia estructural, pureza melódica e introspección emocional. La figura del intérprete de buzuki pasó de ser un *«rebetis»* marginal a un portador de tragedia interior, de un forastero drogadicto a un *romios* trágico, un símbolo no de desviación social, sino de resistencia metafísica. Los marcadores sonoros de Oriente fueron domesticados y recontextualizados. Es precisamente este símbolo el que desfila durante la ceremonia de inauguración de los Juegos Olímpicos de Atenas 2004, cuando aparece un pequeño escenario con músicos que sostienen buzukis, baglamás (un buzuki en miniatura, símbolo del rebético marginal), guitarras y un acordeón.

La reformulación ideológica del rebético no se detuvo con Hadjidakis. En las décadas siguientes, el intento más ambicioso y de mayor alcance de incorporar la música popular al imaginario nacional corrió a cargo de Mikis Theodorakis. Su enfoque, sin embargo, difería significativamente. Mientras Hadjidakis había perseguido una especie de exoneración estética, Theodorakis se embarcó en un proyecto de reterritorialización política. Para él, la música popular no era sólo un recurso estético, sino también un vehículo de conciencia colectiva y resistencia.

Los orígenes de este proyecto se remontan a un momento simbólico concreto: el supuesto parentesco entre dos melodías emblemáticas: «Domingo nublado» (*Synnefiasméni Kyriakí*), un hito de la tradición folclórico-popular, y «El himno acatista» (*Ti Ypermácho*), un himno dedicado a la Virgen María y asociado históricamente a la liturgia bizantina. La afirmación de que estas dos melodías comparten un ADN musical común —independientemente de su verificabilidad histórica o musical— cumplía una poderosa función ideológica. Ofrecía un mito de continuidad: la idea de que la canción urbana de la clase obrera del siglo XX era, en el fondo, un descendiente secular del canto sagrado bizantino. Esta continuidad, como Theodorakis sugeriría más tarde, justificaba la elevación moral y nacional de la música folclórico-popular.[4]

Desde este punto de partida, Theodorakis desarrolló una visión político-musical integral. Su ambición no era simplemente legitimar el rebético, sino fusionarlo con la poesía, el discurso político y la movilización de masas. Inspirándose en el repertorio de la música folclórico-popular, creó nuevas obras que mezclaban formas tradicionales con textos de alta literatura, arreglos orquestales que mezclaban instrumentos sinfónicos con populares, y mensajes de resistencia democrática. Canciones sobre la poesía de Odysseus Elytis, Yannis Ritsos y George Seferis redefinieron lo que podía ser la música popular: no sólo entretenimiento, sino la voz colectiva de una nación en lucha. Esta nueva formación ideológica, conocida como «canción popular artística» (έντεχνο λαϊκό τραγούδι), pretendía trascender las divisiones entre lo alto y lo bajo, Oriente y Occidente, lo sagrado y lo profano. En este marco, el buzuki —anteriormente marginado

4 Cfr. Ordoulidis 2021a.

como símbolo del submundo del rebético— se convirtió en un instrumento nacional.

El nacionalismo musical de Theodorakis, esta vez expresado desde la izquierda, ofrecía una poderosa voz contrahegemónica, pero también se apoyaba en sus propios esencialismos: la idea de un pueblo griego homogéneo, un alma folclórica intemporal, un sufrimiento redentor que trascendía la clase y la geografía. Al final, lo que Hadjidakis y Theodorakis consiguieron no fue liberar la música popular de la ideología, sino reinscribirla en nuevos marcos ideológicos. A través de ellos, el mundo del rebético —anteriormente marginal, fluido y a menudo contradictorio— fue absorbido por el arsenal simbólico de la identidad nacional. Sus intervenciones fueron transformadoras, no porque descubrieran la «verdadera» naturaleza de la música, sino porque construyeron nuevas formas de escucharla.

EPÍLOGO: ESCUCHAR DE OTRO MODO

A lo largo de este libro he tratado de rastrear las intrincadas formas en que las prácticas musicales, los marcos ideológicos y las narrativas nacionales se han entrecruzado en la configuración del sonido popular griego. La historia que emerge no es la de una evolución lineal o una continuidad orgánica, sino la de la impugnación, la selección y la transformación. La música, lejos de ser un reflejo neutro de la identidad colectiva, ha servido como lugar de negociación ideológica, un terreno en el que se han proyectado, impugnado y reimaginado visiones opuestas de lo griego.

Desde la romantización del canto demótico rural, pasando por el silenciamiento del paisaje sonoro cosmopolita de Esmirna, hasta la canonización y redefinición del rebético, hemos visto cómo la identidad nacional se construía no sólo a través de palabras y monumentos, sino a través de las propias texturas del sonido. Los procesos de purificación, marginación y reinterpretación no fueron accidentales o secundarios, sino que constituyeron la forma en que la música griega se convirtió en significante. Ya fuera mediante la omisión ideológica del periodo otomano, la «bizantinización» retroactiva de las melodías o la reelaboración artística del material folclórico-popular por figuras como Hadjidakis y Theodorakis, las fronteras del imaginario nacional se trazaron y redibujaron en el ámbito sonoro.

Sin embargo, la música resiste. A pesar de los marcos ideológicos que pretendían fijar el significado, purificar la memoria y estabilizar la identidad, las propias fuentes —las grabaciones, las interpretaciones, las experiencias musicales vividas— siguen dando testimonio de una realidad mucho más compleja, fluida y enmarañada. Revelan un pasado musical griego que no es tanto un linaje cerrado como un diálogo abierto: un espacio pragmático suspendido entre polos cargados.

Escuchar críticamente este pasado no es un mero ejercicio académico. Es un acto de reivindicación de la multiplicidad, las contradicciones y los encuentros inesperados que han conformado la vida musical griega. Es una forma de cuestionar los esencialismos —ya surjan del orgullo nacionalista, de la añoranza nostálgica o de la idealización artística— y de abrir espacio a una comprensión más matizada y dialogante de la cultura.

La tarea que tenemos por delante no es construir nuevos cánones ni pronunciar verdades definitivas.

Se trata de permanecer atentos a las voces polifónicas que la historia ha suprimido con demasiada frecuencia e imaginar formas de escuchar, escribir y recordar que hagan justicia a su complejidad.

Bibliografía citada

Adorno, Theodor. 1991. *The Culture Industry. Selected Essays on Mass Culture*. Edición de Jay M. Bernstein. Routledge [Hay trad. esp. en la edición de *Obras completas* realizada por la editorial Akal].

Anagnostopoulou, Sia. 1998. *Mikra Asia, 19_{os} Ai.—1919: Oi Ellinorthodoxes Koinotites, Apo Ta Millet Ton Romion Sto Elliniko Ethnos* [*Asia Menor, Siglo XIX—1919. Las comunidades ortodoxas griegas, del Millet de los rums a la nación griega*] Athens: Ellinika Grammata.

Anagnostou, Panagiota. 2011. *Les Représentations de La Société Grecque dans le Rebetiko*. PhD thesis, Science politique. Université Montesquieu - Bordeaux IV.

―――. 2018. «Did You Say Rebetiko? Musical Categories, their Transformation, and their Meanings». *Journal of Social History*, 1—21.

Andrikos, Nikos. 2018. *Oi Laikoi Dromoi Sto Mesopolemiko Astiko Tragoudi-Schediasma Laikis Tropikis Theorias* [*Los modos folclórico-populares en la canción urbana de entreguerras. Un esbozo sobre la teoría modal popular*]. Topos.

Attali, Jacques. 1985. *Noise: The Political Economy of Music*. University of Minnesota Press [Trad. esp. *Ruidos*.

Ensayo sobre la economía política de la música. Ruedo Ibérico. 1978].

BENJAMIN, Walter. 2008. *The Work of Art in the Age of Its Technological Reproducibility, and Other Writings on Media*. Ed. de Michael Jennings, Brigid Doherty, and Thomas Levin. Trad. de Edmund Jephcott, Rodney Livingstone y Howard Eiland. Harvard University Press [Hay trad. esp. en la edición de *Obras completas* realizada por la editorial Abada].

BOHLMAN, Philip. 2004. *The Music of European Nationalism. Cultural Identity and Modern History*. California: ABC-CLIO.

BRADY, Erika. 1999. *A Spiral Way: How the Phonograph Changed Ethnography*. University Press of Mississippi.

CHATZIGEORGIOU, Nikos, ed. 2002. *Smyrni: I Mitropoli Tou Mikrasiatikou Ellinismou* [*Smyrna: La metrópolis del helenismo de Asia Menor*]. Athens: Efessos.

CHATZIPANTAZIS, Theodoros. 1986. *Tis Asiatidos Mousis Erastai... I Akmi Tou Athinaikou Kafe Aman Sta Chronia Tis Vasileias Tou Georgiou I. Symvoli Sti Meleti Tis Proistorias Tou Rebetikou* [*Amantes de la musa asiática... El apogeo del Café Aman de Atenas durante el reinado de Jorge I. Contribución al estudio de la prehistoria del rebetiko*]. Stigmi.

CHRISTOFORIDIS, Michael. 2017. «Serenading Spanish Students on the Streets of Paris: The International Projection of Estudiantinas in the 1870s». *Nineteenth-Century Music Review* 15. 23–36.

———. 2023. «From Paris to the Ottoman Empire: Spanish Estudiantinas, the Popular Music Stage and Sonorities of the Belle Époque». En *Between Centres and Peripheries: Music in Europe from the French Revolution to WWI*, ed. de María Encina Cortizo e Ivan Nommick, 283–98. Turnhout: Brepols.

CONEJERO, Alberto. 2008. *Carmina Urbana Orientalium Graecorum. Poéticas de la identidad en la canción urbana greco-oriental*. Madrid: Consejo Superior de Investigaciones Científicas.

EVANGELOU, George. 2024. *O Exotismos Stin Elliniki Diskorafia – 'Magikes Zografies' Stis 78 Strofes* [*Exoticism in Greek Discography – 'Magical Paintings' in 78 Rpm*]. Athens: Fagottobooks.

FABBRI, Franco. 2016. «Mediterranean Triangle: Naples, Smyrna, Athens». En *Neapolitan Postcards: The Canzone Napoletana as Transnational Subject*, 29–44. Rowman & Littlefield Publishers.

FALLMERAYER, Jakob Philipp. 1827. *Geschichte Des Kaisertums von Trapezunt*. München: Weber.

———. 1830. *Geschichte Der Halbinsel Morea Während Des Mittelalters*. Stuttgart und Tübingen: Cotta.

———. 1835. *Welchen Einfluss Hatte Die Besetzung Griechenlands Durch Die Slawen Auf Das Schicksal Der Stadt Athen Und Der Landschaft Attika?* Cotta'sche Verlagsbuchhandlung. München: Georg Franz.

FRITH, Simon y Howard HORNE. 1987. *Art into Pop*. London: Routledge.

GAUNTLETT, Stathis. 2001. *Rebetiko Tragoudi. Symvoli Stin Epistimoniki Tou Prosegisi* [*Las caciones rebético. Contribución a su acercamiento académico*]. Ekdoseis tou Eikostou Protou.

GAYRAUD, Agnes. 2019. *Dialectic of Pop*. Urbanomic.

GONDICAS, Dimitri, and Charles Philip Issawi, eds. 1999. *Ottoman Greeks in the Age of Nationalism: Politics, Economy, and Society in the Nineteenth Century*. Princeton (N. J.): Darwin press.

GOURAROS, Ilias. 2023. *To Reuma Tis Neoorthodoxias Tin Periodo Tis Metapoliteusis* [*El movimiento neo-ortodoxo durante el periodo Metapolitefsi*]. Master's thesis, Patra: Hellenic Open University, Public History.

GRONOW, Pekk e Ilpo SAUNIO. 1999. *An International History of the Recording Industry*. Trad. de Christopher Moseley. Reimpresión en London: Cassell.

HAMILAKIS, Yannis. 2007. *The Nation and Its Ruins. Antiquity, Archaeology, and National Imagination in Greece*. New York: Oxford University Press.

HATZIANTONIOU, Vassilis. 2013. *Leukoma Ellinikis Diskografias 45 Strofon* [*El album de la discografía griega de 45 rpm*]. Vol. 8. Athens: Self-published.

HERVÉ, Georgelin. 2007. *Smyrni: Apo Ton Kosmopolitismo Eos Tous Ethnikismous* [*Smyrna: Del cosmopolitismo al nacionalismo*]. Athens: Kedros.

HERZFELD, Michael. 2020. *Ours Once More: Folklore, Ideology, and the Making of Modern Greece*. Edición revisada. New York: Berghahn.

HOLST, Gail. 2006. *Road to Rembetika, Music of a Greek Sub-Culture. Songs of Love, Sorrow and Hashish*. 4.ª ed. (1975). Limni, Evia: Denise Harvey.

JACKSON, Maureen. 2012. «Cosmopolitan Smyrna: Illuminating or Obscuring Cultural Histories?» *The Geographical Review* 102:337–49.

KALLIMOPOULOU, Eleni. 2009. *Paradosiaká: Music, Meaning and Identity in Modern Greece*. Bodmin, Cornwall: Ashgate.

KALYVIOTIS, Aristomenis. 2002. *Smyrni. I Mousiki Zoi 1900-1992. I Diaskedasi, Ta Mousika Katastimata, Oi Ichografiseis Diskon* [*Smyrna. La vida musical, 1900-1922. Entretenimiento, tiendas musicales, grabaciones*]. Athens: Music Corner and Tinela.

———. 2015. *Thessaloniki. I Mousiki Zoi Prin to 1912*. Karditsa.

———. 2019. *The Gramophone Co Ltd. Oi Ellinofones Ichografiseis Tis (1900-1960)*. Karditsa: Self-Publishing.

KOKKONIS, George. 2005. «I Kata Damianako Chronologisi Kai Periodologisi Tou Rebetikou: Mia Nea Anagnosi Ypo to Prisma Tis Mousikologias» [*La datación y periodización del rebetiko por Damianakos: una nueva lectura bajo el prisma musicológico*]. En *Paper Presented at Rural Society and Popular Culture. Scientific Conference in Stathis Damianakos's Memory*. Athens.

————. 2017a. «Alaturca Alafranca Kai Kafe-Aman [*Alla turca, alla franca* y el Café Aman]». En *Laikes Mousikes Paradoseis: Logies Anagnoseis - Laikes Pragmatoseis* [*Las tradiciones musicales folclórico-populares. Interpretaciones académicas, realizaciones folclóricas*], 97–131. Athens: Fagottobooks.

KOKKONIS, Georges. 2008. *La Question de La Grécité Dans La Musique Néohellénique*. Paris: Association Pierre Belon - De Boccard.

————. 2017b. *Laikes Mousikes Paradoseis: Logies Anagnoseis - Laikes Pragmatoseis* [*Las tradiciones musicales folclórico-populares. Interpretaciones académicas, realizaciones folclóricas*]. Athens: Fagottobooks.

————. 2018. «I Mousiki Logokrisia Stin Ellada. Mia Proti Prosengisi [La censura musical en Grecia. Un primer acercamiento]». En *Lexiko Logokrisias Stin Ellada. Kachektiki Dimokratia, Diktatoria, Metapoliteusi*, 134–45. Athens: Kastaniotis.

KOKKONIS, Georges, Nikos ORDOULIDIS, Panagiota ANAGNOSTOU, Marika ROMBOU-LEVIDI, Maria ZOUBOULI y Polina TAMBAKAKI. 2019. «Logia Kai Laika Diakeimena Stin Neoelliniki Mousiki. Meleti Periptosis: Oi Exi Laikes Zografies Tou Manou Hadjidaki» [Intertextos académicos y populares en la música griega moderna. Un estudio de caso: Las seis pinturas populares de Manos Hadjidakis (*Mesa redonda*)]. En *Epidraseis Kai Allilepidraseis (Conference*

Proceedings) [*Influencias e interacciones*], 654–733. Hellenic Musicological Society.

KONTARATOS, Savvas. 2007. «I Mythopoiisi Tis Kath' Imas Anatolis» [La mitologización de nuestro propio Oriente]. En *Mythoi Kai Ideologimata Sti Synchroni Ellada* [*Mitos e ideologías en la Grecia contemporánea*], 135–51. Etaireia Spoudon Neoellinikou Politismou kai Genikis Paideias.

KOTARIDIS, Nikos. 2007. «Eisagogi» [Introducción]. En *Rebetes Kai Rebetiko Tragoudi (1st Pr.: 1996)*, 9–32. Athens: Plethron.

KOUNAS, Spilios. 2019. *To Astiko Laiko Tragoudi Tou Elladikou Chorou Kata Tin Periodo Ton Proimon Ichografiseon: Yfologia, Tropikotites, Epitelesi* [*La canción popular urbana de las regiones griegas durante el primer periodo discográfico: estilo, modos musicales, interpretación*]. PhD thesis, University of the Aegean, Department of Cultural Technology and Communication.

MANIATIS, Dionysis. 2006. *I Ek Peraton Diskografia Grammofonou - Erga Laikon Mas Kallitechnon* [*La discografía infinita del gramófono. Obras de nuestros artistas populares*]. Athens: Ekdoseis tou Ypourgeiou Politismou.

MARTLAND, Peter. 2013. *Recording History - The British Record Industry, 1888-1931*. Plymouth: The Scarecrow Press.

MICHAEL, Christina. 2015. «I Chrisi Tis Politismikis Kai Mousikis Synecheias Sti Dialexi Tou Manou Hadjidaki Gia to Rebetiko» [El uso de la continuidad cultural y musical en la conferencia de Manos Hadjidakis sobre el rebetiko]. En *Continuities, Discontinuities, Ruptures in the Greek World (1204-2014): Economy, Society, History, Literature (5th European Congress of Modern Greek Studies of the European Society of Modern Greek Studies, 2-5 October 2014)*, 523–32. European Society of Modern Greek Studies.

Moreda Rodríguez, Eva e Inja Stanović, eds. 2023. *Early Sound Recordings: Academic Research and Practice*. London New York: Routledge Taylor & Francis Group.

O'Connell, John Morgan. 2003. «Song Cycle: The Life and Death of the Turkish Gazel: A Review Essay». *Ethnomusicology* 47:399–414.

Ordoulidis, Nikos. 2021a. «1911: Estudiantina Oriental on the Road». *Musiques Grecques en Représentation (XIXe et XXe Siècles), Bulletin de Correspondance Hellénique Moderne et Contemporain*, n.º 5 (diciembre).

———. 2021b. *Musical Nationalism, Despotism and Scholarly Interventions in Greek Popular Music*. New York: Bloomsbury Academic & Professional.

———. 2023. «Mousiki Kai Ideologia Sto Scholeio» [Música e ideología en la escuela]. *Ta Nea*, 21 January 2023.

———. 2024a. «Oi Ellinikes Estoudiantines» [Las estudiantinas griegas]. *Mikrasiatika Chronika* 25:287–302.

———. 2024b. «The Piano in Greek Popular Orchestras of the Previous Centuries. An Overview of the Material». En *Popular Music of the Greek World*, edited by Eleni

Kallimopoulou and Panagiotis Poulos, 227–61. Athens: National and Kapodistrian University of Athens Press.

PAPANIKOLAOU, Dimitris. 2007. *Singing Poets - Literature and Popular Music in France and Greece*. London: Legenda.

PAPARRIGOPOULOS, Konstantinos. 1865. *I Istoria Tou Ellinikou Ethnous Apo Ton Archaiotaton Chronon Mechri Tis Simeron* [*La historia de la nación griega desde los tiempos más remotos hasta la actualidad*]. 5 vols. Athens: Typografeio Nikita Passari.

PENNANEN, Risto Pekka. 1999. *Westernisation and Modernisation in Greek Popular Music*. PhD thesis, University of Tampere.

PETROPOULOS, Ilias. 1996. *Rebetika Tragoudia* [*Las canciones rebético*]. 8th pr. (1968). Athens: Kedros.

SCHORELIS, Tasos. 1977. *Rebetiki Anthologia* [*Antología del rebético*]. 4 vols. Athens: Plethron.

SEIRAGAKIS, Manolis. 2011. «Mia Pio Proimi Chronologisi Ton Epidraseon Tou Rebetikou Sto Ergo Tou Manou Hadjidaki» [Una datación más temprana de la influencia del rebetiko en la obra de Manos Hadjidakis]. *Nea Estia* 1845:1–10.

SMITH, Ole. 1991. «The Chronology of Rebétiko – A Reconsideration of the Evidence». *Byzantine and Modern Greek Studies* 15:318–24.

SOLOMONIDIS, Christos. 1957. *Tis Smyrnis* [*De Smyrna*]. Typografeio Mavridi.

Steingress, Gerhard. 1998. «Social Theory and the Comparative History of Flamenco, Tango, and Rebetika». En *The Passion of Music and Dance: Body, Gender, and Sexuality*, ed. de William Washabaugh, 151–71. Abingdon, Oxon: Berg publishers.

———. 2023. «Flamenco Andaluz y Rebético Greco-Oriental». *Revista Transcultural de Música* 27.

Tambakaki, Polina. 2015. «Exetazontas Ton Mytho Kai Ti Mythologia Tis Genias Tou '30: I Anakalypsi Tou Rebetikou Apo Ton Mano Hadjidaki Kai o Giorgos Seferis» [Examen del mito y la mitología de la generación de los años treinta: el descubrimiento del rebetiko por Manos Hadjidakis y Giorgos Seferis]. En *Continuities, Discontinuities, Ruptures in the Greek World (1204-2014): Economy, Society, History, Literature (5th European Congress of Modern Greek Studies of the European Society of Modern Greek Studies, 2-5 October 2014)*, 533–51. European Society of Modern Greek Studies.

Tasoulas, Manouil, and Eleni Ambatzi. 1998. *Indoprepon Apokalypsi. Apo Tin India Tou Exotismou Sti Laiki Mousa Ton Ellinon* [*Revelación india. De la India del exotismo a la musa folclórica-popular de los griegos*]. Athens: Perivolaki kai Atrapos.

Tsetsos, Markos. 2011. *Ethnikismos Kai Laikismos Stin Neoelliniki Mousiki - Politikes Opseis Mias Politismikis Apoklisis* [*Nacionalismo y populismo en la música griega moderna. Aspectos políticos de una divergencia cultural*]. Athens: Idryma Saki Karagiorga.

TZIOVAS, Dimitris. 2011. *O Mythos Tis Genias Tou Trianta – Neoterikotita, Ellinikotita Kai Politismiki Ideologia* [*El mito de la generación de los años treinta. Modernidad, identidad griega e ideología cultura*]. Athens: Polis.

———, ed. 2014. *Re-Imagining the Past: Antiquity and Modern Greek Culture*. Classical Presences. Oxford: Oxford University Press.

VLISIDIS, Kostas. 2004. *Opseis Tou Rebetikou* [*Aspectos del rebético*]. Athens: Ekdoseis tou Eikostou Protou.

———, ed. 2006. *Spania Keimena Gia to Rebetiko (1929-1959)* [*Texto raros sobre rebético*]. Athens: Ekdoseis tou Eikostou Protou.

———. 2021. *Rebetologika Poikila – Exi Meletimata* [*Miscelánea rebetológica. Seix estudios*]. Athens: Ekdoseis tou Eikostou Protou.

ZACHARIA, Katerina, ed. 2008. *Hellenisms: Culture, Identity, and Ethnicity from Antiquity to Modernity*. Aldershot, GB Burlington, Vt: Ashgate.

ZOUBOULI, Maria y Georges KOKKONIS. 2016. «I Scholiki Mousiki Ekpaideusi, Mia Istoria Diachronikis Logokrisias» [*La educación musical en las escuelas, una historia de censura atemporal*]. En *I Logokrisia Stin Ellada*, 185–93. Rosa Luxemborg Stiftung Office in Greece.

¿Por qué se empeña el algoritmo en que me guste Tom Petty? En serio, ¡no lo entiendo! Ese aparato está descalibrado, porque no hay posibilidad de que me guste Tom Petty. ¿Cómo me va a gustar Tom Petty? Imposible, imposible... Tom Petty, ¡ni de broma!

Como sea, este libro está siendo finalizado en Madrid, a la 1:39 am del 9 de agosto de 2025, mientras que el dichoso algoritmo está haciéndome escuchar «Something in the Air», ¡que encima ni es de Tom Petty, que es una versión de Thunderclap Newman! Que se piensa el agoritmo que me va a engañar... Ja.